Alberto Hurtado
Um fogo que acende outros fogos

Coleção Jesuítas | Volume 16

Texto Original

Luiz Beltrão

Título Original:
Alberto Hurtado: um fogo que acende outros fogos

Grupo de Trabalho:
Clara Mabeli Bezerra Baptista
Gabriel Cavalcante de Oliveira, SJ
Guilherme Borges Ferreira Costa
Ir. Ubiratan Oliveira Costa, SJ
Larissa Barreiros Gomes

Autor:
Luiz Beltrão

Diagramação e Projeto Gráfico:
Luis Thiago da Silva Silveira
Rodrigo Souza Silva

Coordenador do Programa MAGIS Brasil:
Pe. Jean Fábio Santana, SJ

Programa MAGIS Brasil
Rua Apinajés, 2033 - Sumarezinho
01258-001 São Paulo, SP
T 55 11 3862-0342
juventude@jesuitasbrasil.org.br
vocacao@jesuitasbrasil.org.br
www.facebook.com/vocacoesjesuitas
www.magisbrasil.com

Edições Loyola Jesuítas
Rua 1822, 341 - Ipiranga
04216-000 São Paulo, SP
T 55 11 3385-8500/8501 • 2063-4275
editorial@loyola.com.br
vendas@loyola.com.br
www.loyola.com.br

Todos os direitos reservados. Nenhuma parte desta obra pode ser reproduzida ou transmitida por qualquer forma e/ou quaisquer meios (eletrônico ou mecânico, incluindo fotocópia e gravação) ou arquivada em qualquer sistema ou banco de dados sem permissão escrita da Editora.

ISBN 978-65-5504-138-5

© EDIÇÕES LOYOLA, São Paulo, Brasil, 2021

102431

Apresentação

O Programa MAGIS Brasil – Eixo Vocações – traz uma nova edição revista, atualizada e ampliada da Coleção JESUÍTAS, destinada especialmente aos jovens que estão em processo de discernimento vocacional. Este trabalho teve início com o Pe. Jonas Elias Caprini, SJ, no período em que assumiu a coordenação do Programa e o secretariado para Juventude e Vocações da Província dos Jesuítas do Brasil – BRA. Agradecemos a ele a dedicação nesta tarefa, que será continuada com o mesmo cuidado e zelo.

A Coleção JESUÍTAS apresenta a história de grandes jesuítas cujas vidas são para todos inspiração na busca contínua ao que Deus quer para cada um. Foi lançada em 1987, pela Editora Reus, contendo inicialmente sete volumes, cada um com a história de um santo jesuíta.

Verificando a necessidade de atualizar os materiais vocacionais existentes, o serviço de animação vocacional da Companhia de Jesus apresenta uma nova edição, acrescida de roteiros de oração e demais notas com escritos do próprio jesuíta, textos da Companhia de Jesus e outros comentários e provocações que ajudam a rezar em tempo de discernimento.

As biografias apresentadas nesta coleção são sinais de vidas consagradas ao serviço do Reino. Ajudam-nos a refletir a nossa própria história e a construir um caminho de santidade, guiado pelo projeto de vida à luz da fé cristã, como afirma o Papa Francisco na Exortação Apostólica *Gaudete et Exsultate*, n. 11:

Há testemunhos que são úteis para nos estimular e motivar, mas não para procurarmos copiá-los, porque isso poderia até afastar-nos do caminho, único e específico, que o Senhor predispôs para nós. Importante é que cada crente discirna o seu próprio caminho e traga à luz o melhor de si mesmo, quanto Deus colocou nele de muito pessoal (cf. 1 Cor 12, 7), e não se esgote procurando imitar algo que não foi pensado para ele.

Desejamos que essa leitura orante nos motive e nos provoque a viver também para Cristo e que o discernimento vocacional seja um contínuo proceder de todos os jovens que estão abertos para ouvir, acolher e responder os apelos do Senhor da Messe. Boa leitura e oração a todos!

Pe. Jean Fábio Santana, SJ
Secretário para Juventude e Vocações
da Província dos Jesuítas do Brasil - BRA

Alberto Hurtado

Um fogo que acende outros fogos

Atenção, alerta de incêndio! Não leia estas páginas, a não ser que esteja disposto a se queimar. Alberto Hurtado é um desses santos que, ao nos aproximarmos, saímos inevitavelmente abrasados de ardor pelo Deus do Reino e pelo Reino de Deus, ardor que se traduz em gestos concretos de amor, solidariedade, cuidado, ternura, compaixão, transbordamento de si até a quase exaustão, em especial aos pobres e descartados, mas a todos, invariavelmente todos, de quem nos aproximarmos. O segredo para tanta intensidade em Alberto Hurtado? A indissociabilidade entre oração e ação, entre presença e saudade de Deus em sua vida, entre fé e justiça, entre escuta atenta do sopro do Espírito no silêncio do seu coração e escuta atenta a esse mesmo Espírito nos apelos da história, encarnando o verdadeiro ideário de Santo Inácio: ser *contemplativo na ação,* para *em tudo amar e servir.*

Mas, se você chegou até aqui, então deve ser também um desses incendiários de Cristo, um piromaníaco do amor de Deus. Então vamos lá, mergulhar na alma desse santo, verdadeiro caldeirão em ebulição, para nos inflamar do mesmo magma incandescente que ardia em seu peito.

Infância e juventude

Sua infância não foi das mais fáceis. Nasceu em Viña del Mar (Chile), em 22 de janeiro de 1901. Mas logo aos quatro anos de idade, falece seu pai, o que deixa Alberto Hurtado, sua mãe e seu irmão caçula numa posição financeira e social bem desconfortável. Tiveram que vender por um preço irrisório a propriedade rural onde residiam e, com isso, morar de favor na casa de parentes, tendo de se mudar mais de uma vez.

Apesar das condições difíceis, aprende de sua mãe, logo pequeno, que é preciso "colocar as mãos juntas para rezar e abertas para dar". Desde cedo, cultiva essa sensibilidade aos outros, colaborando com sua mãe pelos mais pobres numa obra de assistência social.

Graças a uma bolsa de estudos, é matriculado no Colégio San Ignacio, onde estudará até se formar. Nesses tempos, ingressa na Congregação Mariana, associação de leigos inspirada por Santo Inácio (da qual surgirá a futura CVX – Comunidade de Vida Cristã[1]), e no Apostolado da Oração[2].

Com 14 anos, recebe como diretor espiritual Pe. Fernando Vives, jesuíta que influenciará profundamente em sua formação e em sua preocupação social. Não se esqueça que alguns anos antes, em 1891, o Papa Leão XIII lançou a primeira encíclica sobre temas sociais, chamada *Rerum Novarum*, que trata da condição dos operários. Era o início do que passou a se chamar de Ensino Social da Igreja, ao qual o Pe. Fernando Vives era bastante ligado.

Você também deve ter em mente

---

1 A Comunidade de Vida Cristã (CVX) é uma comunidade mundial composta de pequenos grupos – em geral, menos de 12 membros – comprometidos com um modo de vida simples e a fazer a integração da comunidade com espiritualidade inaciana. O ímpeto vem da espiritualidade e da devoção a Nossa Senhora como modelo para ação.
2 O Apostolado da Oração é uma rede mundial de oração a serviço dos desafios da humanidade e da missão da Igreja, expressos nas intenções mensais de oração do Papa.

que em 1914 teve início a I Guerra Mundial, daqui a pouco vai saber por quê.

Hurtado conclui seus estudos em 1917 como um aluno normal. Normal em termos, pois para ele normal era fazer as coisas bem-feitas: recebeu menção honrosa em todas as disciplinas. Ah, sem deixar de fazer trabalho social.

E desde ali, começa a nascer nele o desejo de ingressar na Companhia de Jesus. Ele se interessou, é claro, por uma garota aqui e outra ali. Mas, seu coração se sentia mais inclinado para a vida religiosa. Por isso, foi se aconselhar com seu diretor espiritual. Prudente, Pe. Fernando, apesar de intuir que ali germinava um potencial jesuíta dos bons, sabe que é precoce o tempo da colheita. Além disso, sua mãe e seu irmão dependeriam dele economicamente. Recomenda a Alberto paciência. É preciso esperar e amadurecer seu desejo, o que ele faz com humildade.

Vida universitária

Terminado o Ensino Médio, decide cursar Direito na Universidade Católica do Chile. É 1918, fim da I Guerra, mas não de seus efeitos. O Chile passa por uma grave crise. Uma das principais forças econômicas chilenas era a exportação do salitre natural, um fertilizante à base de nitrogênio. Mas, durante a I Guerra, a Alemanha conseguiu produzir salitre sintético, que causou o declínio do nitrato natural, gerando no Chile maciço desemprego, migração para os centros urbanos, favelização, concentração de mercado e enriquecimento de pequenos grupos econômicos.

Hurtado é sensível a tudo isso. Mobiliza seus colegas de curso a ajudar operários que se achegavam à cidade de Santiago e que estavam instalados em albergues muito precários. Organiza com outros estudantes um escritório jurídico para atendê-los gratuitamente em questões trabalhistas e sociais. Muitos eram os trabalhadores explorados, demitidos injustamente, com salários baixíssimos e condições laborais precárias.

Seu diretor espiritual da época, Pe. Damián Symon, disse mais tarde a respeito de nosso amigo:

"Não podia ver a dor sem querer remediá-la, nem uma necessidade qualquer sem colocar estudo para

poder solucioná-la. Vivia em um ato de amor a Deus que se traduzia constantemente em algum ato de amor ao próximo; seu zelo quase transbordante não era senão seu amor que se colocava em movimento. Tinha um coração como um caldeirão em ebulição que necessita de uma via de escape".

Além de estudar, Alberto trabalha às tardes, inicialmente como redator de um jornal e depois como secretário de um partido político. Assim, consegue ajudar sua família e, ao mesmo tempo, nutrir sua formação cidadã.

E por falar em política, você já participou de uma manifestação de rua de cunho político, defendendo melhores condições trabalhistas? Alberto já, e até foi ferido. Nessa ocasião, uma passeata pacífica, mas que desagradava as autoridades, um de seus amigos morre, baleado, a poucos metros de Hurtado. A agressividade e a covardia do poder opressor doeram em Alberto. Cada vida importa.

Na universidade, Hurtado colabora com o Pe. Fernando Pradel no círculo de estudos Leão XIII (o objetivo era difundir o Ensino Social da Igreja) e é professor no instituto noturno San Ignacio, uma obra social para trabalhadores. Alberto deseja expandir consciências, informar e formar sobre essa dimensão social do Cristianismo.

Concluiu seu curso, apresentando como trabalho final "La reglamentación del trabajo de los niños", a regulamentação do trabalho infantil, tema social candente, que necessitava atenção. Será que não necessita ainda hoje, com tantas infâncias roubadas, vítimas de um sistema que lhes suprime a oportunidade de serem crianças?

Pontificia Universidad Católica de Chile.

Notas

A missão social do universitário

Meditação na festa do Sagrado Coração, pronunciada na Universidade Católica, em 5 de junho de 1945:

O dever social do universitário é justamente a tradução concreta para a sua vida de estudante, hoje, e de futuro profissional, amanhã, dos ensinamentos de Cristo sobre a dignidade de nossas pessoas e sobre o mandamento novo, o seu mandamento característico, o do amor. [...]

Cada um deve conhecer o problema social geral, as doutrinas sociais em disputa no mundo, sobretudo sua Doutrina, a doutrina da Igreja; deve conhecer a realidade chilena e ter uma preocupação especial em estudar sua carreira em função dos problemas sociais próprios de seu ambiente profissional. [...] O estudo de nossa doutrina social deve despertar em nós, antes de mais nada, um sentido social profundo, e antes de mais nada o inconformismo diante do mal, o que Jules Simon denominou admiravelmente "o sentido do escândalo".

Um fogo que acende outros fogos – Páginas escolhidas do Pe. Alberto Hurtado, SJ.

Discernimento vocacional

"Que queres de mim, Senhor?" é a pergunta decisiva de todo autêntico crente, em especial do jovem que está fazendo um processo de discernimento vocacional. Mas a essa pergunta o nosso Deus bem que pode responder com outra: "E você, o que quer de si mesmo?".

Alberto Hurtado se fez essa pergunta. As cartas ao amigo de tempos de colégio, Manuel Larraín, futuro bispo de Talca, testemunham uma profunda busca da vontade de Deus. Alberto sabia que Deus dá ao ser humano graças abundantes para o desempenho de sua resposta, sobretudo se amadurecida, bem discernida, feita em liberdade e em generosidade; por isso escreveria ao Senhor: "Eu te dou tudo o que sou e possuo, quero dar-te tudo, servir-te onde **não há nenhuma restrição ao meu dom total**". Hurtado, assim como Santo Inácio, não joga com pouco. Ele é pessoa *magis*, entrega tudo de si. Fez os Exercícios Espirituais em sua juventude, nos quais o fundador dos jesuítas pede que neles se entre com "grande ânimo e generosidade". Essa foi uma das marcas de toda a sua vida; deu o melhor de si em tudo o que fez. Com Deus e com sua vocação não seria diferente.

Mas saber onde servir ao Senhor não foi tarefa fácil. Hurtado também sentiu-se chamado ao matrimônio e ao apostolado como leigo. Após um bonito processo de discernimento, escutando seu coração e a Deus, confrontando seus desejos mais profundos com sua liberdade e com sua alegria mais radical, escreve, em 1923, ao amigo Manuel: "Reza, mas de toda a alma, para que possamos consertar as nossas coisas e nós dois cumpramos a vontade de Deus este ano". Para Alberto, cumprir a vontade de Deus era ingressar no noviciado jesuíta e, para Manuel, no Seminário de Santiago. A decisão chegou à maturidade.

Vocação não é obediência a um plano predefinido, mas resposta livre a um apelo do próprio coração, onde Deus habita. É construção a dois, encontro de duas liberdades, que vão tecendo um projeto juntas. A alegria e a pacificação plenas são os principais termômetros a indicar que nos aproximamos do acerto dessa resposta. Por isso, Alberto Hurtado era tão feliz e tão pacificado consigo mesmo.

Mas, para Hurtado, ser jesuíta lhe era vedado, pois a ele cabia o sustento da família. Eis que o Céu participa. Lembra da venda da propriedade da família, por um preço injusto, assim que o pai morreu?

Pois então. Essa venda foi questionada judicialmente, as cláusulas foram consideradas inválidas, pois o preço acertado fora desproporcional. Muitos anos depois, a sentença foi favorável à família de Alberto Hurtado. Um justo valor foi reavido e a família conseguiu uma posição financeira segura que permitiu a ele abraçar seu sonho. Coincidência? Providência? Milagre? Só um detalhe: tudo isso aconteceu no mês do Sagrado Coração de Jesus, enquanto Alberto Hurtado rezava todas as noites, por uma hora inteira, prostrado ao chão, pedindo a Deus que solucionasse os problemas financeiros de sua família, para que pudesse se consagrar a Deus. Fica a seu encargo a interpretação desses fatos.

Em 7 de agosto de 1923, Hurtado faz seu exame final, no qual é aprovado com distinção. A despedida preparada pela reitoria da Universidade foi emocionante. Mas nem espera receber o diploma de advogado e parte para iniciar seu noviciado em 15 de agosto, dia da Assunção de Nossa Senhora, o que mostra sua proximidade à Virgem Maria, que ele manterá por toda a vida.

Momento de Oração

Na vida de Alberto Hurtado surgiram pessoas "sinais", fundamentais em sua formação, no desenvolvimento de sua sensibilidade, na abertura de sua alma a Deus e aos outros, em especial aos problemas do mundo. Reconhecer a passagem dessas pessoas na vida é reconhecer a passagem do próprio Deus. Por isso, ele também foi pessoa sinal, deixou marcas profundas nos outros, em especial o sorriso, sua marca característica. Um colega seu, de formação no tempo de estudante jesuíta, dizia: "O seu sorriso rápido e o seu olhar indagador, de uma forma indefinível, parecia urgi-lo a coisas superiores... Seu sorriso dava a impressão de que estava olhando para o interior da minha alma e estava ansioso para me ver fazer coisas maiores e melhores para o Senhor". Hurtado era desses que provocava nos outros o melhor de si mesmos, instigava neles uma chama que talvez nem eles mesmos soubessem que estava lá.

Pontos para a oração:

- Procure olhar sua história de vida e reconhecer a passagem de Deus por meio de pessoas sinais. O que elas deixaram de valores em você? Que marcas, lições e pérolas você ainda traz delas?

- Olhe para fora de você: que marcas você deixa nos outros? O que é mais característico seu, o seu timbre, aquilo que você tem de positivo e que lhe é inconfundível (pode ser mais de um aspecto)? Você tem cultivado e multiplicado essa marca, ou ela tem ficado apagada?

Pedido de graça: *Senhor, que eu reconheça a tua passagem por minha vida, por meio de pessoas sinais, e a beleza dos dons que me deste, para que os devolva com o melhor de mim na forma de serviço a Ti e a meus irmãos.*

Texto bíblico: *Mt 25, 14-30.*

Enfim sacerdote jesuíta

A maior parte de sua formação como jesuíta se deu na Universidade de Lovaina, na Bélgica, considerada uma das melhores da época. Lá, ele não apenas estudou Filosofia e Teologia. Foi além; doutorou-se em Pedagogia, o que lhe ajudará muito em seus futuros trabalhos com os jovens.

Hurtado era daqueles que não consegue passar despercebido. Não porque queria aparecer, mas porque sua luz é inevitavelmente notada. Destacou-se em quatro aspectos: caridade, humildade, simpatia e inteligência. O reitor da universidade, Pe. Jean Baptiste Janssens, futuro Superior Geral dos jesuítas, escreverá sobre Pe. Hurtado: "Em meus longos anos como Superior, não vi uma alma de maior irradiação apostólica que a do Pe. Hurtado".

Em 24 de agosto de 1933, é ordenado sacerdote, na Bélgica. Se está feliz? Esse pequeno trecho da carta, escrita em outubro do mesmo ano, a um amigo, nos dá a dimensão de sua alegria.

"Já sou sacerdote do Senhor! Bem compreenderá a minha feli-

cidade intensa e com toda sinceridade posso dizer-lhe que sou plenamente feliz. Deus concedeu-me a grande graça de viver contente em todas as casas por onde passei e com todos os companheiros que tive. E considero isso uma grande graça. Mas agora, ao receber para sempre a ordenação sacerdotal, minha alegria chega a seu cúmulo. Agora já não desejo mais que exercer meu ministério sacerdotal com a maior plenitude possível de vida interior e de atividade exterior compatível com a primeira".

Exercer o nosso ministério com a maior plenitude possível de vida interior e de atividade exterior coerente com essa vida interior. Belo lema de vida, não é mesmo? Esse era Alberto Hurtado. Será que podemos ser assim?

Notas

Meditação de um retiro sobre a doação e a cooperação

Cinco mil homens, mais as mulheres e as crianças, já há três dias famintos... Comida? Necessitam-se 200 denários: o ordenado de um ano de um operário, e no deserto! Diz-lhes que vão embora! Mas André, atentamente, diz que há cinco pães de cevada e dois peixinhos. Mas, que é isso para tanta gente? É o nosso problema: a desproporção.

E que pães! De cevada, duros

como pedras (os judeus comiam o pão de trigo). E que peixes! De lago, secos, pequenos, levados num saco por um rapaz, há três dias, com esse calor e com esse aperto... isso sim é pouca coisa!

Despreza o Senhor essa oblação? Não, com a sua bênção alimenta todos, e sobra. Nem sequer despreza as sobras: doze cestos, dos peixes sobraram cabeças e espinhas, e até isso Ele estima.

O rapaz consentiu em dar a Cristo o seu pobre dom, ignorando que ia alimentar toda essa multidão. Ele creu perder seu bem, mas achou-o com sobra, e cooperou para o bem dos outros.

Eu... como estes peixes (menos que estes pães) machucados, talvez decompostos, mas nas mãos de Cristo, minha ação pode ter alcance divino. [...] Minha ação, meus desejos podem ter alcance divino e posso mudar a face da terra. Não o saberei, os peixes tampouco o souberam. Posso muito se estou com Cristo; posso muito se coopero com Cristo.

Um fogo que acende outros fogos – Páginas escolhidas do Pe. Alberto Hurtado, SJ.

Apostolado

Pe. Hurtado atuou em diversas áreas. Escolhemos duas que darão uma pequena dimensão do seu ministério.

Com a juventude

De volta ao Chile, em 1936, inicia seu apostolado com os jovens, no Colégio San Ignacio e na Universidade Católica.

Não se limita às aulas de religião ou a pregar retiros espirituais. Promove círculos de estudo do Evangelho, que diferentes grupos de vários cursos participam com muito interesse, como as Congregações Marianas, que adquirem grande vitalidade. Em decorrência, surgem várias atividades apostólicas dos próprios jovens, como catequese em periferias, além de numerosas (bota numerosas nisso!) vocações sacerdotais e religiosas, arrastadas pelo testemunho e encantamento de Pe. Hurtado.

No início de 1941, foi nomeado assessor da ala jovem da Ação Católica de Santiago e, mais tarde, assessor nacional. A Ação Católica foi um conjunto de movimentos, promovido em 1923 pelo Papa Pio

XI, que deu um grande impulso para a participação ativa dos leigos na Igreja. Tinha como fonte inspiradora o Ensino Social da Igreja.

Graças ao carisma e ao fogo que colocou na moçada, núcleos jovens da Ação Católica se multiplicaram por todo o Chile, que eram visitados por Pe. Hurtado. Ele sabia como descobrir, animar e potencializar os valores humanos dos jovens, sobretudo a sua generosidade; mostrava a eles objetivos e ideais elevados, novos sonhos, outro Senhor. Será que isso lembra um tal de Inácio?

Era a época de procissões lotadas aos pés da imagem de María Santísima, no Monte San Cristóbal, com milhares de participantes. Numa dessas ocasiões, com milhares de tochas acesas, lançou essa convocação aos jovens, com sua voz inflamada de amor:

"Eu não duvido que se Cristo descesse o San Cristóbal nesta noite inundada de emoção, ele lhes repetiria, olhando para a cidade escura: 'Eu me compadeço dela', e voltando-se para vocês, lhes diria com infinita ternura: 'Vocês são a luz do mundo... Vocês são os que devem iluminar estas trevas. Querem colaborar comigo? Vocês querem

> *ser meus apóstolos?' ... Mas ser apóstolos não significa levar uma insígnia na lapela do paletó, não significa falar da verdade, mas vivê-la, encarnar-se nela, transformar-se em Cristo. Ser apóstolo não é levar uma tocha na mão, possuir a luz, mas ser a luz..."*

A galera ficava cheia de ardor por Cristo! Mas não pense que era ardor sem compromisso. Para Pe. Hurtado, não se vive a fé com palavras "que não custa nada pronunciá-las".

Sente só a pegada que ele dava à Ação Católica, neste trecho de um discurso feito a **10 mil jovens**, em 1943:

> *"Gostaria de aproveitar estes breves momentos, meus queridos jovens, para indicar-lhes o fundamento mais íntimo de nossa responsabili-*

dade, que é nosso caráter de católicos. Os jovens têm de se preocupar com seus irmãos, com sua pátria (que é o grupo de irmãos unidos pelos vínculos de sangue, língua, terra), porque ser católicos equivale a ser sociais. Não por medo de perder algo, não por temor de perseguições, não por oposição a alguns, mas ao contrário, porque vocês são católicos, devem ser sociais, isto é, sentir em vocês a dor humana e procurar solucioná-la."

Chegamos assim ao coração de Pe. Hurtado: a indissociabilidade entre fé e justiça. Esse nosso santo se antecipou em algumas décadas à Congregação Geral 32 da Companhia de Jesus, que, em 1975, assentou de maneira definitiva essa relação como carisma de todo inaciano. Pois o fogo que ardia em seu peito não o levava a fechar os olhos, numa fé voltada apenas para as coisas "interiores" ou "espirituais". Pe. Hurtado era um "místico de olhos abertos"; sua espiritualidade o permitia ler bem a realidade social e, por isso, o comprometia a combater não apenas os efeitos, mas as causas dos males que geravam não meramente pobres, mas *empobrecidos*, irmãos privados da dignidade que lhes era devida.

Com os pobres

Sentia de tal forma a concretude do amor, em especial aos mais pobres, que desejava "Amá-los até não poder suportar suas desgraças... Minha missão não pode ser somente consolá-los com belas palavras e deixá-los em sua miséria, enquanto eu almoço tranquilamente, e enquanto nada me falta. Sua dor deve fazer-me mal: a falta de higiene de suas casas, sua alimentação deficiente, a falta de educação de seus filhos, a tragédia de suas filhas, que tudo o que os diminui me dilacere a mim também".

Esse era o fogo que ardia em seu coração, "impelido pela justiça e animado pelo amor".

Mesmo sendo incompreendido por alguns representantes da hierarquia eclesiástica, que o acusavam de ser por demais envolvido em questões políticas, Pe. Hurtado não tinha o receio de assumir a vocação de profeta: anunciar e denunciar. Com firmeza. Mas, também, com respeito e fundamentação.

Em 1941, depois de analisar criteriosamente a realidade, escreve um livro que provoca uma tremenda inquietação, sobretudo nas classes mais abastadas economicamente e mesmo em alguns da alta hierarquia da Igreja chilena: *"¿Es Chile un país católico?"*. Pe. Hurtado coloca o dedo na ferida: questiona a super-

Hurtado conversando com crianças em situação de rua.

ficialidade e a falta de compromisso do povo chileno com as implicações da fé que professa.

Mas nosso amigo foi mais longe. Você já ouviu falar de um padre que fundou um sindicato? Pois é. Em 13 de junho de 1947, dia do Sagrado Coração de Jesus, juntamente com um grupo de universitários, cria a Ação Sindical e Econômica Chilena (ASICH), como uma forma de tornar a Igreja presente no campo do trabalho organizado. É preciso atuar coletivamente, ele pensava, não apenas individualmente.

Felizmente, seu apostolado social e sua visão de Igreja, que anteciparam algumas décadas o próprio Concílio Vaticano II, tiveram aprovação das mais altas autoridades eclesiásticas. E quando dizemos altas nos referimos a ninguém menos que o próprio Papa Pio XII, que lhe deu pessoalmente seu apoio.

Mas quer saber qual é a frase mais marcante de Pe. Hurtado, aquela que talvez o caracterize com mais precisão? A maioria concorda que a que melhor traduz o lema de sua vida é: **"fazer o que Cristo faria se estivesse em meu lugar"**.

Pe. Hurtado dizia que a encarnação histórica restringiu Cristo e sua vida divino-humana a um quadro limitado pelo tempo e pelo espaço. Mas a encarnação mística, que é o Corpo de Cristo, a Igreja, isto é, nós, elimina essa restrição, e a amplia a todos os tempos e lugares onde há um batizado. Assim, segundo ele, a vida divina aparece em todo o mundo. Ele dizia: "O Cristo histórico foi judeu e viveu na Palestina, no tempo do Império Romano. O Cristo místico é chileno do séc. XX, alemão, francês e africano... É professor e comerciante, é engenheiro, advogado ou operário, presidiário e monarca... É todo cristão que vive na graça de Deus e que aspira integrar sua vida nas normas da vida de Cristo em suas mais secretas inspirações. E que deseja sempre isto: fazer o que faz, como Cristo faria em seu lugar".

Eis aqui um excelente programa de vida. Que tal? Em todas as nossas circunstâncias e ocasiões, nos perguntar: o que um Cristo com a minha cara, meu jeito e a minha idade faria se estivesse no meu lugar, se tivesse que tomar a decisão que tenho de tomar, se tivesse que estudar como tenho que estudar, trabalhar como tenho que trabalhar, me relacionar com essa pessoa, lidar com essa situação como eu tenho de lidar... Era esse o lema de vida "hurtadiano".

Seu desejo era tornar-se outro Cristo. Isso, aliás,

quem disse foi o próprio Papa Bento XVI, na homilia de sua missa de canonização, em 2005. Mas não é esse o ideal de São Paulo: "Já não sou eu, é Cristo que vive em mim" (Gal 2, 20)? Hurtado levou a sério essa consequência de sua fé. Dizia: "A vida é vida na medida em que se possui Cristo, **em que se é Cristo**. Pelo conhecimento, pelo amor, pelo serviço".

E não apenas isso. Ele via no outro o próprio Cristo. E de maneira tão intensa e radical que dizia, para escândalo de alguns: "O próximo, o pobre em especial, **é Cristo em pessoa**. (...) O pobre jornaleiro de rua, o engraxate, a pobre mulher tuberculosa são Cristo. **O bêbado, não nos escandalizemos, é Cristo**! Insultá-lo, zombar dele, desprezá-lo, é desprezar Cristo".

Por essa razão, criou o Lar de Cristo (*Hogar de Cristo*). Um mês antes de sua renúncia como assessor nacional da Ação Católica, numa noite fria e chuvosa, ele foi abordado por um homem pobre, que tremia de frio e ardia em febre. Ele não tinha lugar para passar a noite. Essa situação comove desde as entranhas nosso santo. Poucos dias depois, dando um retiro para senhoras, e sem prever que iria abordar esse tema, seu coração explode, como vulcão em erupção: "Cristo vaga pelas nossas ruas na pessoa de tantos pobres, doentes, expulsos de seu miserável cortiço. Cristo, amontoado sob as pontes, na pessoa de tantos filhos que não têm ninguém para chamar de 'pai', que não têm o beijo da mãe na testa... Cristo não tem casa! Não queremos dar a eles, nós que temos a felicidade de ter uma casa confortável, alimentação farta, meios para educar e garantir o futuro das crianças? 'O que fazem ao menor dos meus irmãos, fazem a mim', disse Jesus".

As senhoras, comovidas por essa fala emocionada de Pe. Hurtado, fazem suas doações: vários cheques, joias e, logo depois, ele consegue um terreno. O milagre da multiplicação dos pães acontece e assim nasceu o Lar de Cristo, uma obra social de acolhimento, inicialmente de crianças e jovens, depois de adultos. Hurtado saía durante as madrugadas em sua caminhonete verde (valha-nos São Cristóvão, pois era péssimo motorista!) para convidar crianças e jovens "de rua" para passarem a noite no Lar de Cristo, a lhes oferecer uma cama confortável, uma sopa quente, gostosa e nutritiva e, aos poucos, educação e perspectiva de formação para o trabalho. O Lar de Cristo é ainda hoje uma das principais obras assistenciais do Chile.

Momento de Oração

Ver o Cristo no pobre é uma coisa. "O pobre é Cristo" é outra, bastante diferente. Pe. Hurtado radicaliza o sentido. Mas estava ele errado? Lendo com atenção a parábola do Juízo Final, descrita em Mateus 25, 31-46, Hurtado compreende que o pobre é o verdadeiro vigário (substituto) de Cristo: "Tive fome e **me** deste de comer; tive sede e **me** deste de beber; estava nu e **me** vestiste, prisioneiro e **me** visitaste...".

A fonte dessa percepção é o amor. "Amá-los até não poder suportar suas desgraças", como dizia Pe. Hurtado.

Nessa oração, a proposta é pedir a Deus o dom da conversão, para que nossa fé seja cada vez mais comprometida com a justiça; justiça que procura combater não apenas os efeitos, mas as causas dos males; justiça que pulsa da compaixão, do *padecer com o outro*; sentir sua dor também como nossa, porque estamos irmanados no mesmo corpo; porque somos um, em Cristo. Essa é a concepção de amor a Cristo de Pe. Hurtado. Assim, o próximo não é aquele que encontro em meu caminho, mas aquele em cujo caminho eu, deliberadamente, me coloco.

Pedido de graça: Senhor, dá-me a graça da conversão cada vez mais radical a ti, para que minha fé se converta em amor--justiça, em especial aos mais pobres, aos descartados, às vítimas de um processo de exclusão que priva tantos irmãos dos frutos da criação que destinaste a todos.

Texto bíblico: *Lc 10, 25-37.*

E qual é o segredo de uma vida assim?

Quer mesmo saber? A oração. Pe. Hurtado dizia que "a oração é o alento e o repouso do Espírito... Para encontrar essa paz, o apóstolo necessita de oração, não uma oração formalista, mas uma oração contínua em longas horas de (...) quietude, e feita em união de espírito com Deus". Segundo ele, "ai do apóstolo que não agir assim! Far-se-á traficante de coisas humanas e paixões pessoais, sob a aparência de ministro espiritual".

Mas, atenção! Oração, para Pe. Hurtado, não se faz de qualquer maneira. É preciso escutar a Deus no silêncio mais profundo, mas também escutá-lo na vida, em toda a sua concretude e relações: nas tarefas e sonhos, dores e alegrias, derrotas e vitórias, enfim, nas pessoas e nas coisas do mundo, neste mundo amado por Deus, onde Ele habita, se encarna e pede nossa colaboração, até que "Deus seja tudo em todos" (1 Cor 15, 28).

Com a palavra, o nosso amigo:

"Para manter o contato com

> *Deus, para manter-se sempre sob o impulso do Espírito, para construir apenas o desejo de Cristo, é preciso impor periodicamente restrições a seu programa de apostolado. A ação chega a ser daninha quando rompe a sua união com Deus. Não se trata da união sensível, mas da união verdadeira, a fidelidade, até nos detalhes, ao querer divino. O equilíbrio das vidas apostólicas só pode ser obtido na oração."*

Para quem vive assim, o orar e a ação se tornam dimensões indissociáveis, **ora-ação**. Esse é verdadeiro filho de Santo Inácio, pois se torna *contemplativo na ação*, como foi Santo Alberto Hurtado.

Partindo para o céu, partindo de sua missão conosco

Hurtado foi acometido de um câncer no pâncreas, o que ele interpretou como graça, porque lhe permitiria se preparar e se despedir dos seus. Sua visão da morte é positiva, o que pode parecer estranho ao mundo secularizado atual. "A vida é dada ao ser humano para cooperar com Deus, para realizar seu plano; a morte é o complemento dessa colaboração, pois é a entrega de todos os nossos poderes nas mãos do Criador. Que cada dia seja como preparação de minha morte, entregando-me minuto a minuto à obra de cooperação que Deus me pede, cumprindo minha missão, a que Deus espera de mim, a que não podem fazer senão eu".

Antes de entrar para a glória, em 18 de agosto de 1952, ele ditou uma carta, que podemos considerar uma tarefa. "Ao dar a todos e a cada um em particular esta saudação, confio-lhes, em nome de Deus, os pobrezinhos".

A passagem de Pe. Hurtado foi mesmo uma visita de Deus ao Chile, como reconhece alegremente o povo chileno. O mundo ficou melhor, mais perfumado, com mais sabor de Deus. A data de sua partida foi decretada pelo parlamento desse país como Dia Nacional da Solidariedade.

Alberto Hurtado foi beatificado por João Paulo II em 16 de outubro de 1994 e canonizado por Bento XVI em 23 de outubro de 2005.

Sua partida se deu no mês de agosto, como que de propósito: um santo bem **a gosto** de Deus: caridade inflamada, amor-justiça, sobretudo aos últimos, oração e ação, adoração e serviço, fé e alegria. Não é só para admirar, é para nos questionar: Que gosto tenho deixado por onde passo?

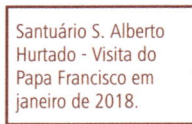

Santuário S. Alberto Hurtado - Visita do Papa Francisco em janeiro de 2018.

Momento de Oração

O Triângulo do Fogo

Oxigênio — *Combustível* — *Calor*

Para que haja a combustão, três elementos são necessários: o combustível, o comburente e o calor. É o que chamamos de *Triângulo do Fogo*. Se faltar qualquer um desses, o fogo não acontece.

Combustível é a matéria que será queimada, é aquilo que entrará em combustão. O **comburente**, normalmente o oxigênio, é o elemento que irá queimar o combustível. Todos sabemos que sem o oxigênio ou quando o abafamos, o fogo apaga. Por fim, para que haja fogo, é necessário o **calor**, a energia térmica que irá causar a ignição.

Aproveitando essa metáfora, bem ao estilo de Santo Alberto Hurtado, façamos essa oração final. Procure uma posição confortável e visualize o Triângulo do Fogo:

• *O **combustível** será a sua vida, exatamente como ela é. Com seus limites e potencialidades, erros e acertos, luzes e sombras, sonhos e inquietudes, seus "fios de ouro" e "fios de palha". Deus não conta com outra realidade que não seja a nossa própria vida. É esta vida que Ele deseja transformar e in-*

cendiar. Tudo isso ofereça para que Deus o receba. Peça então **a graça de Ele incendiar e transformar o combustível de sua vida numa versão mais bela e luminosa de você mesmo**. *(Sugestão: Tente visualizar com a imaginação esse processo de abrasamento de cada aspecto de sua vida nas mãos de Deus).*

• *O* **comburente**, *o oxigênio da vida espiritual, é a relação com Deus, que chamamos de oração. Já vimos como Santo Alberto Hurtado entende a oração. Neste momento, peça a graça de* **desejar ardentemente o oxigênio espiritual, a oração, a relação de intimidade, amor e proximidade a Deus, e de se comprometer a se alimentar sempre dela em seu dia a dia**.

• *O* **calor**, *a fonte de toda energia espiritual, é o próprio Deus. É puro fogo de amor que aquece e ilumina quem dele se aproxima. Sem essa energia não há vida e dinamismo, apenas formalismo estéril.*

*Precisamos fazer a experiência de que seu amor por nós é gratuito, imerecido, incondicional, eterno, imutável, infinito e perfeito. Peça **a graça de sentir cada uma dessas características do amor de Deus incendiar seu coração, ao ponto de não caber em si e desejar propagar esse fogo a cada pessoa que encontrar.***

• *Após essa experiência dos três elementos do Triângulo do Fogo, leia e saboreie o **texto bíblico** de Isaías 42, 1-12.*

• *Converse com Deus sobre como se sente e sobre o que Ele espera de você.*

Chegamos ao final de nosso percurso "hurtadiano". Aqui apresentamos só uma fagulha do que foi o fogaréu desse incrível santo. Mas temos certeza de que foi o suficiente para deixar você inflamando! Sabe por quê? Porque o fogo, por natureza, consome tudo o que encontra e se propaga para além de si mesmo. Ainda mais o fogo do Espírito Santo!

Como você chegou até aqui, certamente está com o coração abrasado por um maior desejo de amar e servir; de irradiar justiça e semear alegria; de incendiar o mundo de ternura e compaixão; de ver nos outros, em especial nos pobres, o próprio Cristo; de dizer "conta comigo, Senhor, apesar de minha fragilidade"; de fazer deste mundo um lugar melhor para todos e não apenas para alguns.

Viu só? Você bem que foi avisado de que sairia queimado pela mesma chama que incendiou Santo Alberto Hurtado. E tornou-se, como ele, "um fogo que acende outros fogos"!

Santo Alberto Hurtado, rogai por nós!

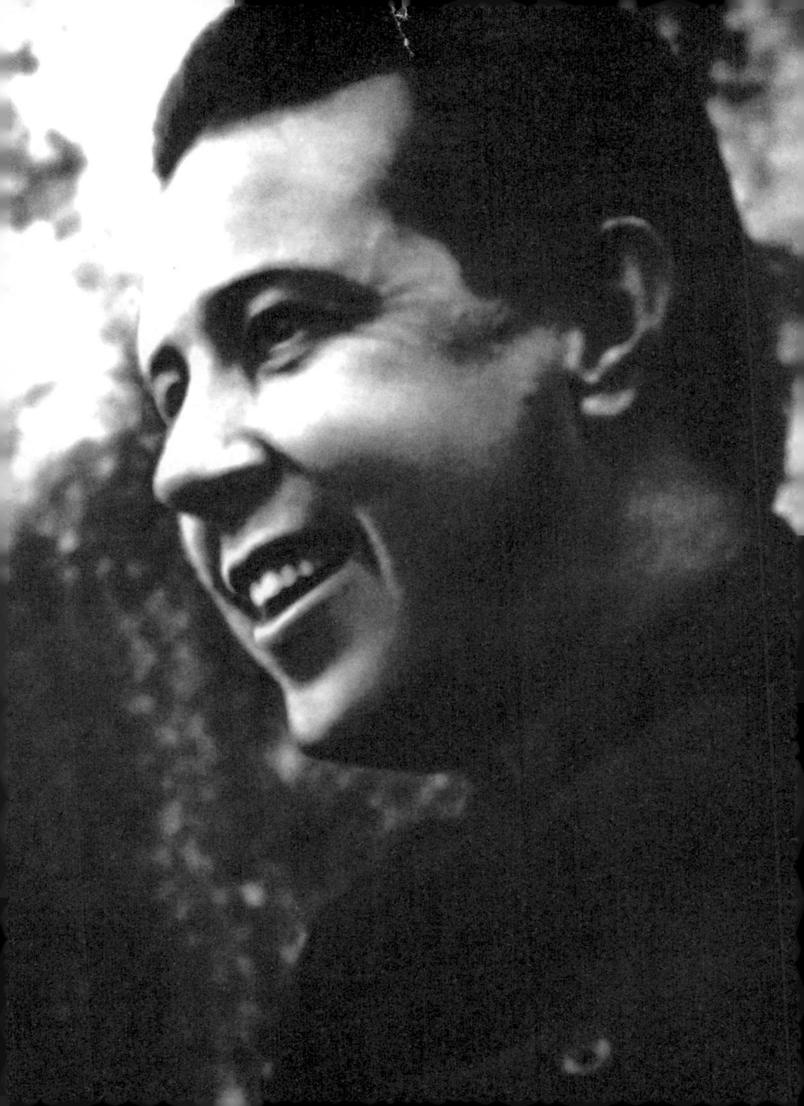

Momento de Oração

Chegando ao fim da leitura da vida de Alberto Hurtado, faça um pequeno exercício de recolhimento dos frutos, atendo-se aos movimentos interiores que você sentiu mais fortemente enquanto lia esta biografia. Não se esqueça de anotar tudo em seu diário espiritual e procurar o seu acompanhante vocacional para partilhar o que experimentou.

- Quais os sentimentos e atitudes de Alberto Hurtado mais me impressionam? Sinto-me identificado com eles? Quais eu desejaria ter?

- No que a minha vida e vocação se parecem com a de Alberto Hurtado?

- No que a vida de Alberto Hurtado me inspira em minha caminhada vocacional?

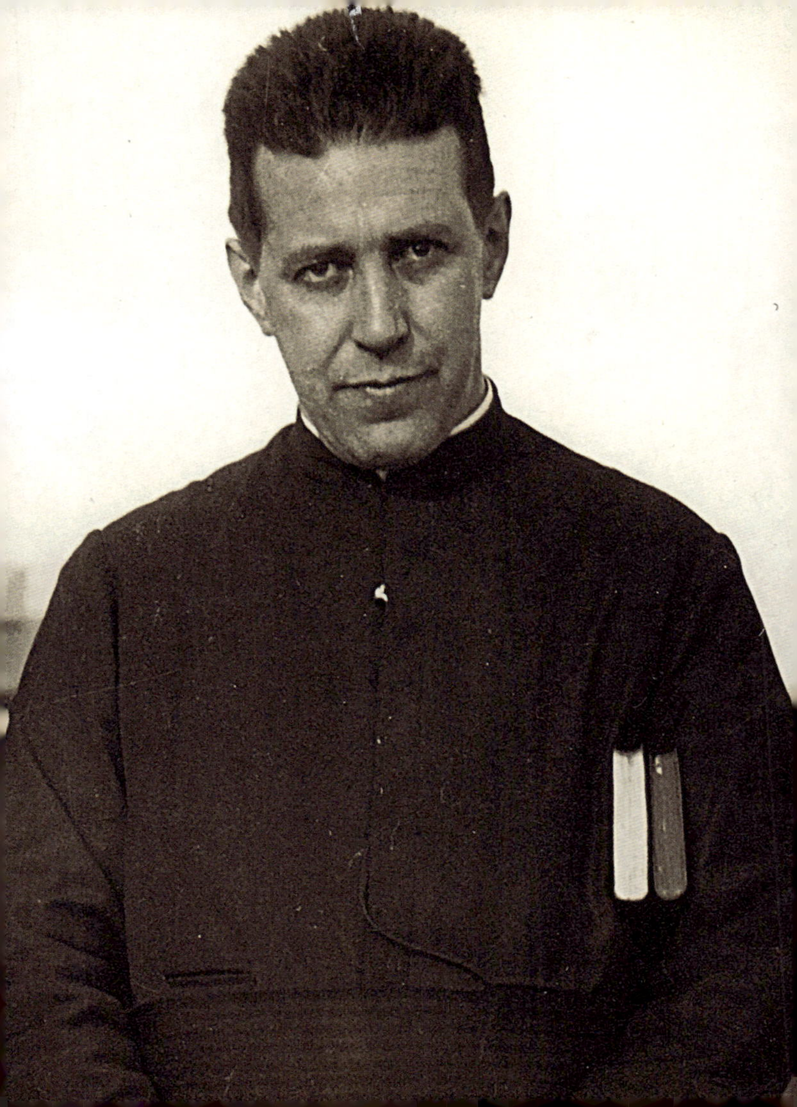

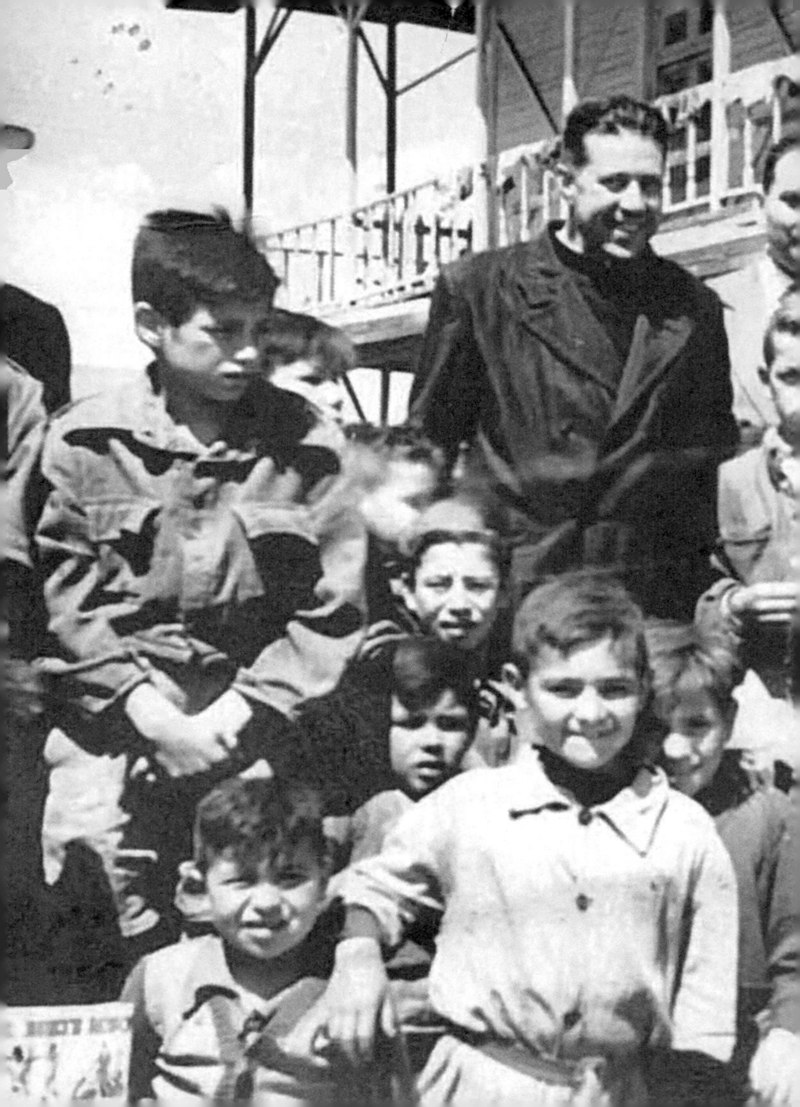

JESUÍTAS BRASIL

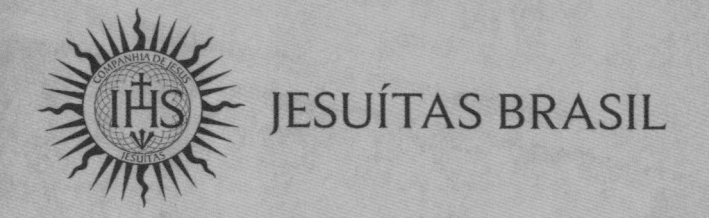

SENHOR JESUS,

NÓS TE PEDIMOS
QUE A MUITOS ESCOLHAS E CHAMES,
QUE A MUITOS CHAMES E ENVIES,
CONFORME TUA VONTADE,
PARA TRABALHAR PELA IGREJA
EM TUA COMPANHIA.

ORAÇÃO PELAS VOCAÇÕES
PE. NADAL, SJ (1556)

VOCAÇÕES JESUÍTAS

SER + PARA OS DEMAIS

WWW.JESUITASBRASIL.COM

Uma das missões dos jesuítas é ajudar os jovens na construção de seus projetos de vida e no discernimento vocacional.

Se você deseja conhecer mais sobre a Companhia de Jesus, entre em contato pelo e-mail **vocacao@jesuitasbrasil.org.br** ou pela página no Facebook **facebook.com/vocacoesjesuitas**

Escaneie este QR Code para acessar informações sobre as Vocações Jesuítas